VERSOS DA VIDA COTIDIANA

Jorge Antonio Salem

VERSOS DA VIDA COTIDIANA

A vida cotidiana
transformada em arte poética

lura

Direção
Roger Conovalov

Gerente Editorial
Aline Assone Conovalov

Gerente Comercial
Eduardo Carvalho

Coordenador Editorial
André Barbosa

Coordenadora de Revisão
Stephanie C. Rodrigues

Revisão
Gabriela Peres

Diagramação
Manoela Dourado

Capa
Lura Editorial

Dados Internacionais de Catalogação na Publicação (CIP)
(Câmara Brasileira do Livro, SP, Brasil)

Salem, Jorge Antonio
Versos da vida cotidiana / Jorge Antonio Salem – São Caetano do Sul-SP: Lura Editorial, 2025.
128 p.; 14x21cm

ISBN: 978-65-5478-243-2

I. Poesias : 2. Poesia brasileira I. Título. II. Salem, Jorge Antonio.

CDD: B869.1

Índice para catálogo sistemático
I. Poesias : 2. Poesia brasileira

[2025]
Lura Editorial
Alameda Terracota, 215, sala 905, Cerâmica
09531-190 – São Caetano do Sul - SP – Brasil
www.luraeditorial.com.br

Agradecimentos

SEMPRE QUANDO ESTAMOS tratando de poesias inspiradas, a primeira pessoa a quem devemos agradecer é o autor de todas as coisas desse nosso mundo, que é Deus.

Minha família, que em todos os momentos de minha vida sempre foi prioridade. Que Deus abençoe e proteja minhas filhas Ana Carolina e Ana Beatriz, assim como meus netos Samuel e Tomás.

Devo sempre pensar nas pessoas que leram minhas poesias no primeiro livro com o título: *Poesias da vida cotidiana*, pois assim incentivaram a produzir este segundo livro de poesias. Também a todos aqueles que vão ler este volume.

Agora são cem poesias que, mais uma vez, vão falar sobre a vida cotidiana, sem esquecer a espiritualidade, o incentivo à mudança, reflexão sobre a vida.

Trago aqui poesias de minha querida mãe Júlia, minha tia Maria e meu irmão Alexandre, afinal essa é uma família de poetas e poetisas.

Lembro também de um tio avô Salem, Miguel Salem. Foram muitas as poesias escritas por ele, que também era conhecido por Poeta Cego de Batrum.

Peço que leiam essas poesias com profunda reflexão, tentando se colocar dentro de cada uma delas. Fazendo assim, vocês de alguma forma poderão ser contemplados com as graças de Deus.

Agradeço à Lura Editorial, por aceitar publicar este livro e apostar nesta nova obra.

Prefácio

É COM ALEGRIA que apresentamos *Versos da Vida Cotidiana*, do poeta Jorge Antonio Salem.

Jorge nos convida para uma jornada de sentimentos e reflexões, explorando o que é, muitas vezes, invisível a olho nu. Sua habilidade de transformar o cotidiano em poesia é um presente, cheio de esperança, fé e gratidão.

Versos da Vida Cotidiana está ao alcance de todos. Jorge escreve com clareza, como uma conversa com um bom amigo. Ele também compartilha essa experiência com seus familiares – sua mãe Júlia, sua tia Maria, e seu irmão Alexandre –, cujas contribuições enriquecem ainda mais a obra, provando que a arte é um laço entre gerações.

Esperamos que este livro seja um bálsamo para sua alma, que o inspire a refletir e encontre um sentido mais profundo nas pequenas coisas da vida.

Roger Conovalov
Diretor da Lura Editorial

Introdução

ESPERO QUE APROVEITEM este maravilhoso livro de poesias, que tenho certeza de que foram inspiradas por Deus.

Também aqui início com essa Oração do Pai-Nosso, de forma estilizada que Deus um dia intuiu para que pudesse repassar para todos.

Pai-Nosso estilizado

– Pai Nosso que estais no Céu, que possui muitas moradas.

– Santificado seja o vosso nome, que não poderia ser diferente, pela perfeição que tu és.

– Venha a nós o vosso reino, e que possamos ser dignos de receber tamanha graça.

– Seja feita a sua vontade, assim sendo atendidos em nossos pedidos, mas não sendo possível, que a Sua vontade prevaleça.

– Assim na Terra, como nos Céus, e que sejamos abençoados, para que um dia possamos estar cara a cara com o Senhor, nosso Deus.

– O pão nosso de cada dia nos daí hoje, para alimentar nosso corpo e nossa alma.

– Perdoai as nossas ofensas, e apresentai a todos nós o dom de perdoar.

–Assim como perdoamos nossos ofensores, mas nos ensinando a perdoar e a amar a todos.

– Não nos deixai cair em tentações, da luxúria, da gula, da sexualidade desenfreada, nos ensinando a sermos fortes e temerosos ao Senhor.

Mas livrai-nos de todos os males, físicos e espirituais, por todos os tempos

Amém.

Sumário

Aliança

Qual é o sentido de usar uma aliança?
É uma pergunta que poderá vir de uma criança.
Já pensou o que significa? Essa pergunta o alcança.
Ficar na dúvida não adianta.

Seja um bom estudante.
Pesquise e pergunte.
Seja um bom audiente,
Também astuto vidente.

A aliança é o símbolo da união,
Na mão esquerda por estar próximo do coração.
Pode apenas ser uma tradição.
Mesmo sendo viúvo, minha aliança não tiro, não.

Os egípcios falavam de uma veia na mão,
Pode ser verdade ou não.
Usar na esquerda os romanos já tinham tradição,
Os católicos dizem que na esquerda é do casamento a mão.

Os chineses falam que dois dedos anelarem unidos não separam, não.
Talvez essa seja a representação.
Olhe para seu amor e pegue em sua mão,
Faça agora através dessa poesia uma declaração.

Se ainda tem interrogação,
Vou lhe falar, meu irmão.
Quando o amor é verdadeiro, bate muito forte o coração,
Que ler essas linhas seja um momento de contemplação.

Areia da praia

Sempre que lembro,
Quando na areia eu ando,
E no mar não vou no fundo,
Mas falta alguém nesse mundo.

A saudade me cala bem fundo,
E as palavras são embargadas junto.
Pelas areias que pegadas deixava,
Eram sempre quatro pés, não me enganava.

Agora, quando olho para baixo,
Apenas duas marcas ficam na areia.
Mesmo clamando de forma diferente ao alto,
Não consigo vê-las de nenhuma maneira.

Sei que essa vida devo continuar,
Para muita caridade praticar,
Um dia Deus vai me chamar,
Para o Céu habitar.

Quem sabe aí também exista praia para andar.
E iremos nas areias deixar,
Nossas quatro marcas para mostrar,
Que um grande amor pode continuar.

Quando estava a terminar,
Comecei a chorar,
Pois a saudade começou a apresentar,
Mas sei que um dia você vou encontrar.

Deus nesse momento quer me mostrar,
Que não posso desistir, e sim aguentar,
Para um dia eu a todos demostrar,
Que com fé e boas obras todos nós podemos ao Céu adentrar.

Amor incondicional

O que esperar do amor?
Mesmo se você ainda não conheceu,
Sei que na vida dá muito sabor,
Se você já viveu, sabe o que aconteceu.

Quando os corpos se aproximam,
Pelo corpo sobe um calor.
Os pelos se arrepiam,
São apenas alguns dos sintomas do amor.

Mas com o tempo isso se acalma,
A paixão inicial, talvez, passou.
Mas o amor verdadeiro, aquele da alma,
Esse que é incondicional, ficou.

Feliz aquele que esse amor conheceu,
Foi com certeza o presente de Deus.
Juntou a mão e agradeceu,
Por todos os dias meus.

Agora meu amor para o Céu Deus levou,
Egoísta eu não posso ser.
Lá no Céu com certeza ela entrou,
Ser bom para no Céu também entrar, vou prometer.

Alimentação

Hoje de uma frugal comida me alimentei,
Foi um milho verde que cortei,
E na panela eu coloquei,
Um pouco eu fritei.

Foi com alho que eu cozinhei,
Um pouco de sal e orégano temperei.
Quando já cozido, do fogo retirei,
Em um prato adicionei.

Quem diria que no armário eu achei,
Uma latinha de atum, que lá deixei,
Era a última, então na lista do mercado anotei,
Então para essa comida eu olhei.

Que bênção que dessa comida poderei comer.
Logo no computador comecei a poesia escrever,
O que com isso Deus quis me dizer?
Acho que com pouco poderei viver.

São muitos neste mundo que pouco podem ter,
E poucos que fortunas imensas devem ter.
Hoje em minha casa está a chover,
Mas os telhados e paredes a me proteger.

Nem o vento está a me acometer,
Quem bom que tenho onde viver,
Mas sempre Deus está a lembrar,
Que tudo isso aqui vai ficar.

Amor

Vou te contar sobre uma palavra que é amor,
São só cinco letras que agora estão nas mãos deste autor.
No início, tem a letra A, que está ali com muito rigor,
No final, tem a letra R, vim aqui para te expor.

Essa palavra traz um sentimento que na vida dá sabor,
Essa população da Terra tem que aprender sem dor.
Sei que é difícil, porque muitos vivem no terror,
Dessas guerras com um tempo durador.

Precisamos nessas terras um sonhador,
Que possa nesse povo ter um libertador.
Dia e noite está muito assustador,
Precisamos de um líder acolhedor.

Muitos povos passam por momento constrangedor,
Precisamos continuar sempre com nosso louvor.
E que o Céu possa acabar com todo esse horror,
Que está muito devastador.

Com a certeza da esperança,
Contamos que todos possam ter temperança.
Que todos possam viver em segurança,
Que a guerra se torne apenas uma triste lembrança.

Que o amor possa prevalecer,
Que as bênçãos do Céu venham a acontecer.
Que as alegrias voltem a florescer,
E o sorriso no rosto venha a aparecer.

Bem cedo vou dormir

Cedo vou dormir,
Pois eu quero descansar,
Para no outro dia o trabalho produzir,
E o patrão agradar.

Sei que assim não é correto,
Eu devo trabalhar,
Não para patrão agradar,
Mas para ser um homem honesto.

Você que ainda não trabalha,
Saiba que muitas profissões existem,
Veja aquela que mais lhe agrada,
Estude para ela e seja feliz também.

Eu vou dizer que muitos querem te desviar,
Pergunte a Deus, que vai lhe falar,
Como você deve se portar,
Para a ELE agradar.

Seja honesto e ganhe seu sustento,
Use bem o seu talento.
Pode sim ajudar o seu irmão,
Essa sempre será uma boa opção.

Bodas de prata

Beijando teus lindos cabelos,
Que a neve do tempo marcou.
Eu tenho nos olhos molhados,
A imagem que nada mudou.

Estavas vestida de noiva,
Sorrindo e querendo chorar.
Feliz, assim, olhando para mim,
Que nunca deixou de te amar.

Vinte e cinco anos vamos festejando união,
E a felicidade continua em meu coração.
Vai crescendo muito mais o meu amor por ti,
Eu também fiquei mais velho e quase não senti.

Vinte e cinco anos de veneração e prazer,
Pois até nos momentos de dor,
O teu coração me faz compreender,
Que a vida é bem pequena para tanto amor.

Maria Salem (In Memoriam 1929-1997)

Bolinha

Quero apresentar a Bolinha,
Ela é bem animadinha.
Na terceira idade já chegou,
Em junho, quatorze anos completou.

Hoje, uma foto dela eu tirei,
E com o jeito dela, alegrei.
Todo animal deve ser bem tratado,
Alimentado, abrigado, deixe sempre amparado.

Seja um bom cidadão,
Se animal pequenino ou grandão,
Cuida dele e seja um amigão.
Nunca seja um vacilão.

Câncer

Uma doença que meu corpo não sentiu,
Dor terrível que meu amor passou e eu acompanhei.
Como falar de um sentimento que em mim fluiu,
Para falar de uma doença que a ninguém desejei.

Tantas pessoas que por essa doença passaram,
E muitos tratamentos abraçaram.
Alguns, cura de seu corpo e alma alcançaram.
Outros tantos no Céu chegaram.

Como explicar esse sofrimento que passaram?
Tanta dor e tristeza. O que podemos fazer?
Eu peço a Deus que me dê palavras a dizer.
São tantas as pessoas que rezaram.

Uma palavra de consolo para ajudar,
Mas também o silêncio para poder ouvir,
Através dessa poesia poder falar,
Que a Deus devemos orar e pedir.

Que essa doença possa acabar,
E tantas vidas deixe de ceifar.
Que essa poesia a muitos possam alcançar,
E sua dor acalmar.

Caridade praticar

Deus nos fala para a caridade praticar,
Que a mão esquerda não saiba o que a direita venha dar,
Não precisamos tudo que fizermos alardear,
Você pode fazer e se calar.

Essas poesias também são para ajudar,
Tem o propósito de evangelizar,
Você pode colaborar,
Sempre que possível compartilhar.

Sempre que escrevo a poesia, estou a alegrar,
Uma pessoa que lerá e fará circular.
Assim muitos vão comentar,
Eu também posso assim caminhar.

A hora de dormir está chegando,
E para vocês vou deixando,
Um pedido a todos que vai soando,
Para que Deus nessa noite esteja nos abençoando.

Domingo na casa dos netos

O avô chegou,
O neto ele abraçou.
Sendo que esse perguntou,
Vovô você já descansou?

O avô logo falou,
Claro, neto querido. Aqui estou.
E com o neto muito brincou,
De peças para montar, seu neto pegou.

Então a festa na sala começou,
Muito brinquedo pelo chão espalhou.
E quando o neto cansou, seu avô ensinou,
E o neto o brinquedo juntou e guardou.

Nesse momento a hora do almoço chegou,
Pois a fome aumentou.
Então uma bela refeição abraçou,
Logo em seguida pelo colchão se esparramou.

Uma bela soneca seu neto tirou,
Dentro de uma hora ele acordou.
E a brincadeira continuou,
Pois seu neto descansado logo se apresentou.

Ele e o 60 anos

Agora já chegou,
O cabo da boa esperança ele dobrou.
Aquele que não entendeu perguntou,
E ele explicou.

Deus, nosso corpo preparou,
E muitos aos 120 chegou.
Então sessenta, o meio apresentou,
E no meio ele chegou.

Mas, dia primeiro ele já demostrou,
Sua felicidade pela data que ainda não chegou.
A data correta será dia 03 que em fevereiro sua mãe lhe olhou,
E nesse dia foi que primeiro chorou.

Também nesse dia que sua mãe o acariciou,
E para ele falou.
Não tenha medo, filho meu, que Deus abençoou,
Você está com sua família. E essa dele cuidou.

Esse menino cresceu,
Pois sua família, a ele protegeu.
Ele sua vida toda compreendeu,
A importância de dar amor a todos, ele entendeu.

A sua família cresceu,
Ele casou. Filhas e netos Deus lhe deu.
Também a felicidade lhe concedeu,
E hoje, por tudo a Deus ele agradeceu.

Férias com a família

Eles na praia chegaram,
Primeiro foi com a filha e o neto e gostaram.
Outra filha, genro e neto chegaram, e a praia amaram,
Com a família completa, todos se alegraram.

Muita festa as crianças fizeram,
Na praia, na areia logo se ambientaram.
No mar quentinho, muitas ondas pularam,
E conchinhas da praia encontraram.

Até um Tatuí, com a mão pegaram,
Comeram, dormiram e muito brincaram.
Férias muito boa eles todos passaram,
Até a piscina do prédio frequentaram.

Agora a temporada está acabando,
Hora de ir para casa está chegando.
As bagagens já estão arrumando,
E a estrada pegando.

Não esqueceram da oração para proteção,
Pedindo ao Anjo proteção e Deus muita unção.
Que a viagem seja calma e protegida,
Que a volta seja de forma tranquila como foi na ida.

Caminhando na areia

Naquele dia, cedo acordou,
O rosto ele lavou.
Um belo café da manhã tomou,
E pelo corpo protetor solar passou.

Na praia ele chegou,
O chinelo do pé tirou.
Pé na areia ele pisou,
E textura fina da areia apreciou.

Aquela manhã uma caminhada ao corpo proporcionou,
E pela areia da praia caminhou.
Depois de três quilômetros ele cansou,
Mas do exercício seu corpo gostou.

Durante a caminhada para natureza ele olhou,
Seu pé a onda do mar molhou.
Mas o sou estava forte e logo secou,
A sua pele com protetor não queimou.

Uma brisa da manhã no seu corpo soprou,
E ele seu corpo com a brisa esfriou.
Assim a hora passou,
E satisfeito para o apartamento voltou

Casa

Hoje animado em casa cheguei,
Para uma reunião me apresentei.
Uma decisão eu tomei,
Feliz sempre serei.

Não importa o que falarão,
Sei que muitos não me amarão,
Meu trabalho eles não compreenderão,
Que trabalho com seriedade saberão.

Um dia eu perguntei,
Se fazer o certo saberei.
Compreendi que seguir em frente deverei,
E muita gente salvarei.

Muitos também perguntarão,
Como pode um anjo aqui no chão?
A suas vidas adicionarão,
Muita força e a vida seguirão.

Pelo caminho não cairão.
Mas se cair, um irmão dará a mão.
E te levantarão,
Para com Cristo continuar sua evolução.

Cedinho

Saí cedinho para trabalhar,
Tem muita estrada para andar.
Muitas cidades para visitar,
Não sei o que vou encontrar.

É um tal de carro e caminhões a ultrapassar,
E às leis de trânsito devo obedecer,
E a proteção de Deus, agradecer.
Um trabalho que há muitos anos estou a fazer.

Assim toda uma população a proteger,
Muitos minha atividade não vão compreender,
Pois estão apenas a empreender,
E da ética não querem saber.

Mas, aqui vou falar,
E você pode apostar,
Que lá do alto alguém está a olhar,
Para um dia todos julgar.

Devemos ser um bom cidadão,
E para que tudo fique certo, colocar a mão.
Agindo de forma honesta, será um bom cristão.
E lá do alto te aplaudirão.

Céu azul

Olhe para o céu! Veja que cor azul está a se apresentar.
Um céu de brigadeiro, sem guerrilhar.
É melhor descrever para você acreditar.
Às vezes vejo uma nuvem branca a passar.

Olho melhor e vejo bem longe uns passarinhos a voar.
O que mais do céu posso lhe falar?
Passa algumas horas e a noite vem a chegar.
Primeiro uma estrela com sua graça a se apresentar.

Às vezes a lua refletindo a luz pelo céu a passear.
E as horas estão a passar.
Que perfeição essa obra que o Criador fez para me alegrar.
Não seja uma pessoa que deixa tudo isso passar.

Sem que venha perceber, você vai gostar,
Pare tudo o que está a fazer e venha olhar.
Você precisa perceber.
Como é maravilhoso isso que estamos a receber.

Chuva

Hoje de manhã eu acordei com a chuva,
Uma água do céu que cai parecendo uma ducha.
A água escorre pela calçada e um lugar de terra procura,
Assim que encontra essa terra inocula.

É a umidade que a flor precisa,
Absorve a água, e agora a flor desabrocha,
Uma festa na terra que endurecida estava,
Faz também que a semente nasça.

E o ar que seco se encontrava,
Com a umidade respirar facilitava.
Uma chuva que caiu na terra com calma,
Alivia nosso corpo e nossa alma.

Para isso agradecer devemos depressa,
Seja uma pessoa madura e honesta.
Ainda mais em suas orações seja sincera,
Por essa chuva que está caindo, agradeça.

Como essa poesia devo escrever?

Como devo fazer,
Para essa poesia escrever?
Um sentimento a descrever,
Para que um dia essa poesia possam ler.

Como as estrelas podem ser?
Um dia há de reconhecer.
Furos na cortina do Céu?
Ou astros celestes que emanam luz quando escureceu?

Existem estrelas gêmeas, já ouvi dizer?
Que juntas vagam pelo universo a aparecer,
Como um casal que pela eternidade se amam e estão a crescer.

Assim, quero lhe dizer, a poesia na ciência pode existir.
Você lendo estes versos pode sentir.
E um dia podem também acreditar,
Que esse poder de escrever em você pode iniciar.

Basta que você se coloque a acreditar,
E peça para que essa intuição venha a desabrochar.
Tenha fé no poder que dentro de seu coração acumulado está.

Peça para seu Anjo da Guarda e ele virá.
E uma poesia para você intuirá.
E versos bonitos, que no coração, o bem falará.

Coração partido

Hoje meu coração está partido,
A partida do amor para o Céu chamada.
O meu mundo não está mais colorido,
A dor da falta de minha amada.

Uma doença que não foi anunciada,
Como pode o coração tão doído?
Tanta morte que não era esperada,
Um choro que tem que ser engolido.

Muitos desencontros na fala do sabido,
Foi de dia e de noite com muita alma resgatada.
Mas foi falado no seu ouvido,
Levo ao Céu a sua amada.

Ainda assim meu amor por ela é conhecido,
Por mim a todos sempre será lembrada.
Não quero seu nome esquecido,
Enfrento de frente essa parada.

E Deus me reapresentou a escrita,
Sempre livros e poesias é intuído.
A palavra é sempre anunciada,
Para que Ele seja compreendido.

Coração rasgado

Como posso não sentir o coração rasgado,
Pela saudade que dói, sem sentir amado.
Minha esposa não ouço falar,
Mas eu estou a gritar.

Muitos falam que minha vida tem que mudar,
Mas, eu não posso me calar.
Prometi que nunca a esquecerei,
Sei que um dia a encontrarei.

Deus é sempre bondade,
Mas o que sei é que sinto saudade.
Hoje é Dia de Finados, eu sei,
E de minha amada que ao Céu foi eu lembrei.

Para você que não sabe, a saudade também dói,
É um sentimento que nos destrói.
Minha vida seguirei,
De meu amor nunca desistirei.

Crianças

Quando eu era criança,
Pouco recurso tinha,
Estudar precisava, eu sabia.
Quando passava de ano era uma alegria.

Então cresci, e faculdade eu fiz,
Me formei farmacêutico e fiquei feliz.
Vocês crianças devem brincar,
Mas também devem estudar.

Feliz fiquei por nessa escola estar.
Uma poesia para vocês vim declamar,
Foi Deus que por mim quis lhes falar,
Através dessa poesia lhes alegrar.

Também através dela incentivar.
Saiba que não foi fácil começar.
Mas agora uma oração a fazer,
E Deus, através da intuição, vem me dizer.

Crianças, pelo seu dia quero parabenizar,
Vamos todos nos alegrar,
Pois vocês Deus quer abençoar.
E esta escola um futuro a vocês quer dar.

Deus encontrar

Onde eu posso me encontrar,
Com Deus para conversar,
preciso a ele falar,
que preciso me salvar.

Eu falei que em oração você pode encontrar,
Para Dele solicitar,
Que te mostre por onde deverá caminhar,
Para ao Céu chegar.

Só Jesus saberá informar,
E vai te falar,
Que a virtude deverá praticar,
E do pecado se afastar.

Uma pessoa fiel à palavra de Deus deverá,
E da Fé, Esperança e Caridade não se afastará,
E um dia com certeza melhor será,
E ao Céu chegará.

Então no Céu minha amada vou encontrar,
Para nosso amor continuar.
Sei que muitos vão me criticar,
Mas a fé é minha e vou continuar.

Você pode não acreditar,
Mas vou te aconselhar.
Seja um bom cristão,
Também um bom cidadão.

Alimente o seu irmão,
Seja o alimento físico, mas também com oração.
Ele lá do Céu estenderá sua mão,
E você também verá a ressurreição.

Dia dos Namorados

Foi naquele dia que eu te olhei,
Lindos cabelos negros eu enxerguei.
Mas, quando você se virou,
Foi Deus que te apresentou.

Era uma tarde abençoada,
Onde noivos se casavam.
Num ambiente onde a bênção era dada,
Enquanto todos observavam.

Eu nada mais olhava,
Apenas para ti meu olhar parava.
Um amor em meu coração desabrochava,
E uma música silenciosa cantava.

Nesse momento nossa vida a dois começava,
E uma família abençoada formava.
Três anos de namoro e Deus abençoava,
E o fruto desse amor chegava.

Com duas lindas filhas Deus presenteava,
E essa família linda amava.
Vieram os netos e essa família completava,
Um amor tão grande que gostava.

Chegou um dia e Deus a ela chamava,
E eu aqui por muito templo clamava.
Deus, por favor, não leve minha amada,
Como vou viver assim com ela separada.

E Deus, em oração falava,
Deixarei para você a palavra.
Você com ela falará a pessoa necessitada,
Que com ela ficará sarada.

Então essa missão foi abraçada,
E com a palavra escrita ou falada,
Aqui estou para te dar uma ajudada,
E de vocês Deus quer essa mensagem espalhada.

Descansar

A noite cedo chegou,
E o homem simples logo falou.
Vou deitar que sonolento estou.
Apesar do sono logo rezou.

Então deitado ele ficou,
O que passou durante o dia, analisou.
Agora refletiu e pensou,
Esse sono meu corpo restaurou.

Foi Jesus que nos abençoou,
E foi sua Mãe Maria que suplicou.
Então no caminho estou, para no Céu adentrar,
Sei que é difícil, mas vou tentar.

A caridade vou praticar,
Ser tolerante, devo mudar,
São muitas a mudanças para um dia saborear,
Estar no Céu e ao lado de Jesus descansar.

Deus fala após uma oração

Quando a dor aparecer,
Peça a Deus em oração.
Ela vai desaparecer,
E você ganhar uma unção.

Todos devem entender,
A importância da oração.
E você vai compreender,
Quando Deus pegar sua mão.

Precisa um assunto resolver,
Não vá sozinho, não.
Não vá se abster,
De uma bela oração.

Do seu lado deve ficar,
O seu Anjo da Guarda para proteção.
Com Deus você não deve brigar,
Mas sim fazer uma poderosa oração.

Dia das Mães

Uma missão Deus te deu,
Formar uma família e a ti agradeceu.
Como pode duas células uma pessoa formar?
Só pode ser o amor de Deus a nos encantar.

Depois, uma criança a nascer,
E com o alimento da mãe, vem a crescer.
A mãe tem cuidado,
E o filho é amparado.

Esse amor que Deus lhes deu,
Muita gente não compreendeu.
Temos todos que respeitar,
E esse amor ajudar.

Com ele, a criança vai crescer salutar,
Quando adulto possa esse amor passar.
Cuidar dos filhos, a mãe não vai desanimar,
E na vida adulta essa criança vai chegar.

Com todo esse cuidado, a criança se torna um jovem sarado,
E o jovem um adulto abençoado.
E que toda essa ação,
Um dia possa mudar a nossa nação.

Esse sempre será o nosso pedido,
Que com certeza será atendido.
Assim estarei muito agradecido,
Por Ele em minha vida ter comparecido.

Domingo de saudades

Mais um dia que ao fim há de chegar,
Mas antes a manhã esteve a anunciar,
Que Deus estaria a abençoar,
Esse dia de que todos iriam participar.

Na missa fui rezar,
Depois, um pedaço de carne fui comprar,
Um cheiro de almoço vinha convidar,
Para na cadeira se sentar.

E assim um almoço a se deliciar,
Depois, a família a conversar,
Para o assunto da semana comentar,
E o domingo nos alegrar.

Assim, por muitos anos a vida esteve a passar,
Mas nessa mesa você está a faltar,
Sei que não adianta estar a esbravejar,
Pois o coração temos que acalmar.

Nesses quatro anos minha vida esteve a mudar,
Eu tive que me conscientizar,
Que com a sua falta terei que acostumar,
Mas digo que a ti vou sempre amar.

Agora tenho a escrita para tentar me alegrar,
Um, dois e muitos livros a publicar.
Com histórias, romances e poesias a declamar,
Que as pessoas vão chegar e com certeza ajudar.

Entender

Eu preciso entender,
Que regras têm que existir.
Para minha vida empreender,
Eu devo persistir.

Todos devemos aprender,
Que Deus está a nos consentir,
A nós o livre arbítrio estender,
Mas, se errado formos, vamos sentir.

Tenha uma vida reta a viver,
Esteja sempre aqui na Terra a se instruir,
Para ajudar ao próximo esteja sempre a correr,
Para que, quando morrer, com Deus possa coexistir.

Quando Deus nos mandou aqui nascer,
Não falou que fácil seria, assim ficou a advertir,
De práticas ruins devemos abster,
Isso não é fácil, podemos admitir.

Mas tantos já conseguiram fazer,
Por que nós devemos desistir?
Se para nossa verdadeira vida queremos renascer,
Todos os esforços para esse feito devemos imprimir.

Escrever poesias

Muitos me perguntam como escrevo a poesia,
Antigamente isso não acontecia.
Em um certo momento minha esposa Deus levaria,
E me falou que a escrita deixaria.

Foi assim que aconteceu,
Um dia no caminho alguma frase descreveu.
Juntando essa frase a outro um verso apareceu,
Fiquei atento e outro verso juntei e foi o que deu.

Uma poesia linda que Deus concedeu,
E muitas outras o poeta escreveu.
No poder de Deus ele creu,
E o medo de escrever o poeta perdeu.

Um livro assim sucedeu,
Agora com essas poesias, amigo meu,
Que você acolheu,
É o meu trabalho que você conheceu.

Digo que mesmo que você não me conhecia,
Através das palavras você sentia
Cada letra que juntava e lia,
Em muita felicidade seu coração se abria.

Escrever

Hoje comecei a escrever,
Para muitos orientar,
Todo nosso cotidiano descrever,
E para que você possa observar.

São livros de poesias, romances e contos,
Tudo muito bem construído, você poderá ver.
Deixa os leitores tontos,
Você poderá crer.

Olho para o Céu e peço intuição,
Mas hoje está uma negação.
Insisto todo tempo na oração,
E Ele tem muita compreensão.

Nesse momento meus dedos estão na digitação,
Os pensamentos fluem com perfeição.
As palavras se juntam e vem a frase de anunciação,
Falam de tudo, inclusive da perdição.

E continua essa satisfação,
De a Palavra estar sendo anunciada como uma missão.
A alegria por nossos irmãos terem alcançado a conversão,
E assim nosso povo estará sempre em união.

Escritor e Poeta

Um dia comecei a escrever,
Uma época triste que é difícil descrever.
Deus minha esposa chamou,
E nessa época no Céu ela chegou.

Eu ouvi o que Deus falou,
"Filho, eu de você não esqueci, aqui estou".
A escrita e a poesia Ele me reapresentou,
Suas escritas um dia evangelizou.

Serão histórias e poesias que deve escrever,
"Filhinho, é assim que Eu estou a prescrever".
Folhas coloridas ou não, para o ser humano ler,
E eles terão sempre muito prazer.

Então aqui estou,
Falei a Deus que onde enviar eu vou.
De minha esposa a saudade não passou,
Mas, com a escrita dos livros, amenizou.

O Escritor e Poeta, agora sou,
Há alguns anos declarou.
Livros já publicou.
Para que possam ler a todos convidou.

Esposa maravilhosa

De você, o que posso falar de você? Além de amar.

Mulher forte, determinada, lutadora, mãe preciosa e amorosa.
Esposa dedicada, cuidadosa, fé inabalável, católica fervorosa.
Filha acolhedora, professora sábia, cristã caridosa.
Predicados que posso falar de você, virtuosa.

As palavras são poucas para poder te representar, esposa graciosa.
Hoje a saudade apertou mais um pouco, dessa mulher talentosa.
Dia 12 de março, completou mais um ano que foi para o Céu,
gloriosa.
Sempre se lembre de sua família grandiosa.

Fiz a promessa de que nunca te esquecerei,
E que esqueçam de ti, não deixarei.
Sempre rezando eu estarei.
Um dia ao Céu eu também irei.

Daí no Céu, a ti encontrarei.
Palavra de fé e amor contigo trocarei.
Qual o dia isso acontecerá eu não saberei.
Mas com muita fé eu esperarei.

Enquanto o momento não chegar,
Devemos continuar a rezar.
De meu Anjo da Guarda se aproximar,
E diariamente com ele conversar.

A fé sempre sustentar,
Para continuar a caminhar.
Desse amor sempre me alimentar,
E a você e a Deus sempre amar.

Esperar

Enquanto esperava minha filha chegar.
Uma prece resolvi rezar,
E a Deus clamar.
Para uma poesia declamar.

Foi aí que Deus veio me anunciar,
Você deve pensar,
Que hoje não parou de falar,
E deixou de buscar.

Deveria mais rezar,
Para um dia poder participar,
Da Glória de Deus, em um caminhar,
E no Céu chegar.

Esse Céu que estamos a anunciar,
Alto ou baixo, em qualquer prédio ou andar,
Não importa quanto tempo passar,
Ele nunca vai deixar de nos amar.

Todos nós devemos argumentar,
Mas não podemos desesperar,
Tente sempre seu coração acalmar,
E venha comigo mais uma vez rezar.

Quando com Deus falar,
Não se deixe calar,
Mas depois deve silenciar,
Para ouvir as instruções e se animar.

Evangelizar

Depois que uma mensagem eu ouvi,
A vida hoje eu decidi.
Todos nós devemos hoje fazer,
E não deixar para depois acontecer.

Sei que você está a pensar,
Uma decisão deverei tomar.
Saiba que em Deus deve confiar,
E a Ele deverá rezar.

Mesmo que cansado poderá estar,
Para amanhã não deverá deixar.
A vida se decide hoje, por isso vá se alegrar.
Sua felicidade venha completar.

Quando ouvia a mensagem, vim a pensar,
Como pode uma pessoa tão bonito falar.
Só pode alguém em seu ouvido soprar,
Para a nós essa mensagem passar.

Também quando a mensagem chegou,
Em meu corpo adentrou.
Uma energia em meu corpo vibrou,
E a necessidade dessa mensagem espalhar me alegrou.

Hoje o Céu está a festejar,
E cabe a nós essa mensagem levar.
Você também poderá ajudar,
A muitos essas mensagens compartilhar, para evangelizar.

Família

Um quadro na parede eu olhei,
Logo em meus pensamentos viajei.
Naquele momento minha família contemplei.
Olhei e com muitas saudades fiquei.

Meu pai na foto estava sério e eu fitei,
Vontade de abraçar, mas somente observei.
Mais uma vez em sua imagem eu demorei,
Algumas gotas de lágrimas derramei.

Minha mãe nessa foto sorria,
Eu ao lado dela, muita alegria.
Uma camisa estampada ela vestia,
Nesse tempo a gente era feliz e pouco sabia.

Do outro lado, minhas irmãs, calor humano recebia,
Era um final de ano que passamos nesse dia.
Logo abaixo, sentado, meu irmão sabia,
Que deveria aproveitar, pois esse dia não repetiria.

Algum tempo depois minha avó ao céu passaria,
Por isso disse que esse dia não repetiria.
Desse dia somente a lembrança boa restaria,
Através dessa foto, esse momento lembraria.

Filhos a paparicar

Quem aqui nunca esteve a paparicar um filho?
Você não sabe o que é paparicar?
Então vou lhe explicar,
Fica aqui para lhe contar.

É tratar com carinho, mimar,
É claro que tudo tem que se limitar.
Não pode nunca exagerar,
A não ser o amor, que tudo pode dar.

Tem que saber os filhos educar,
De amor e carinho, seu filho criar.
Mas de presentes e mimos deve cuidar,
Para o filho e a filha não estragar.

Sempre é bom ter parcimônia, vai gostar,
Para seu filho crescer e te amar.
Assim seus netos ele saberá educar,
E a união da família vai aproveitar.

Fiscalização

Na minha profissão,
Existe perigo na ação.
Tem aquele que não gosta, não,
E tem aqueles que corajosos são.

Na estrada o risco no chão,
Nunca foi uma diversão.
Na atividade eu tenho a visão.
Na cidade, errado, é aquele cidadão.

Se você quer fazer o certo,
Tem outros que não querem o correto.
Num país que a "lei de gerson" impera,
Algumas ações o ser humano desespera.

Honesto continuarei a ser,
E a população proteger,
De empresários sem coração,
E é bem difícil essa situação.

Peço a Deus muita unção,
Para continuar nessa direção.
Que aqueles que querem nossa destruição,
Deus faça neles uma profunda transformação.

Flor a desabrochar

Uma chuva está a nos presentear,
Com sua frescura na planta a aguar.
E logo mais a planta vai se alegrar,
E uma flor desabrochar.

A chuva calma pela terra fica a penetrar,
Mas se é forte ela tudo vai arrastar.
A terra está a gostar,
Pois calma está a chuva a caminhar.

Assim as plantas estão a se alimentar,
Para em alimento se transformar.
E em alimento nos dar,
E a fome de toda a população matar.

É a chuva que caindo na terra vai ajudar,
A planta nesse crescimento salutar.
Além da planta, também seus frutos para degustar,
Mas a raiz também pode usar.

Tem planta que toda é pode aproveitar,
As folhas, o tronco e a raiz sem amargar.
Mas as plantas também outros animais vão alimentar,
O gado, cavalo, caprino, coelho e tantos outros a pastar.

E desses animais também muitos vão gostar,
Até o peixe vai de uma planta sugar,
E crescer para um dia alguém pescar,
São tantos os motivos para da chuva gostar.

Foto

Mais uma noite estou sua foto a olhar,
Sua beleza a contemplar.
Nesse momento meu coração dói,
Com sua falta que por dentro me corrói.

Repetir essa foto não dará,
Sei que em nada isso mudará.
Mas também Deus saberá,
Enviar seus Anjos e meu coração acalmará.

Novamente o Dia dos Pais chegará,
E você novamente não estará.
Sei que no Céu você comemorará.
Pois junto ao Pai estará.

Para todos que esses versos estão a ler,
Um bom cristão deve ser.
Uma oração tem poder,
Muita fé deve ter.

Em minha vida, isso muito ajudou,
E muitas dúvidas solucionou.
Ter fé sempre funcionou,
E minha vida se alegrou.

Peça tudo o que quiser,
Na hora certa, Deus vai te atender,
Desde que você possa merecer.
Isso você tem que compreender.

Essa poesia também é uma oração,
Seja uma pessoa de muita unção.
Pense naquele que está a necessitar,
E venha comigo sem questionar.

Vamos ao irmão sempre amar,
É isso que Deus quer nos avisar.
Seja um bom cristão,
Ajude todo cidadão.

Flor

Esta planta que no canto estava,
De aguar eu sempre lembrava,
Mas a flor ela não apresentava.
Alguma coisa para ela faltava.

Lembrei que adubo não colocava,
Mas uma flor desabrochava,
Pouco tempo depois que adubo coloquei.
Com a beleza me alegrei.

Muitas fotos dessa flor eu tirei,
Agora com vocês compartilhei.
Essa planta é Amaryllis, que eu sei,
E de cuidar dela eu gostei.

Você também pode fazer,
É só ter boa vontade e querer.
Muitos cuidados ela não requer,
Mas o básico ela deve ter.

Água, sol e a terra adubada para ela crescer,
E pouco tempo depois florescer.
Com essa bela flor vai te alegrar,
Pode ter certeza: você vai gostar.

Guerra

Como pode um povo se matar,
Estando eles a guerrear?
Enquanto uns se matam,
Outros tantos apenas comandam.

Uma atitude brutal,
De pessoas que só pensam o mal.
Famílias são destruídas,
Pessoas entristecidas.

Isso não pode continuar,
Um dia terá que parar.
O amor tem que imperar,
A sapiência tem que governar.

Igualdade, liberdade e fraternidade,
A todos os povos deveria ser até a eternidade.
Brigar por terras, religião e até opinião,
Todos nós deveríamos dizer a esses povos um NÃO.

Que todos possam se acalmar,
Uma eterna paz abraçar.
Para que a vida na Terra seja melhor,
E possamos agradar aos irmãos e ao nosso Deus Maior.

História escrever

Hoje resolvi escrever,
Para que no futuro você possa ler.
Quando criança, em uma cidade morei,
Ali, muitas florestas contei.

Em muitas paragens eu brinquei,
Em muitos rios eu nadei.
Quando crescido fiquei,
Nessas paragens voltei.

Muita coisa errada notei,
Era o progresso que desanimei.
Para não cair, sentei.
E minha voz de tristeza calei.

O rio que nadei, agora só poluição verifiquei,
As florestas tão verdes, agora prédios enxerguei.
Como pode fazer isso com belezas não sei,
Muitos falarão que exagerei.

Mas desse sentimento não gostei,
O que fazer agora, pensei.
Talvez replantar a floresta, para trás deixei
Tentar despoluir o rio, essa proposta amei.

Fazer tudo como era, recomecei.
Será que conseguirei?
Então ao Céu uma prece eu elevei,
Deus respondeu que é possível, adorei.

Hoje é o dia mundial da poesia

Eu sou um poeta,
Que a poesia soletra.
Ele também é poeta,
E faz uma poesia discreta.

Nós todos fazemos poesia,
Com muita alegria.
No Mundo a poesia tem harmonia,
No Céu uma enorme magia.

Aos poetas vou homenagear,
E poesias faço para todos alegrar.
Minha família eu vou sempre amar.
E no mar das letras navegar.

Quem não sabe com as palavras brincar,
Eu vou agora ensinar.
Você em silêncio deverá ficar,
E várias palavras em sua cabeça vão brotar.

Nessas palavras você vai viajar,
E uma bela frase vai formar.
Que juntando elas um verso vai montar,
E no final a uma bela poesia chegar.

Horizonte de minha terra

Há coqueiral de outrora,
Quem me dera revê-lo.
Da minha meninice o poente
Tantas saudades, tantas
Que minha alma chora.

Dizer o que, o que
Se as belezas são tantas
Que não consigo descrevê-las
E conturbada estão de emoção!

Minha alma chora
Pelo horizonte mais lindo que vi na minha infância.
Sinto o dia que dormir eternamente,
Fechar os olhos sem jamais te ver.

Um dia horizonte, que beijar-te
Mesmo que seus lábios não te beijem.
Espiritualmente, beijar-te-ei constantemente.

Enquanto viver,
Tudo farei para te ver
E pedindo a Deus para conservá-lo sempre lindo
E nas noites de luar
Peço a Deus que me dê sempre a visão
Para ver-te e esbelto em ti os coqueirais.

Maria Salem (In Memoriam 1929-1997)

Homenagem à professora

Uma professora no magistério se formou,
Depois, muito mais conhecimento com pedagogia agregou.
Até o mestrado cursou.
Em tantas atividades escolares a professora trabalhou.

Em sala de aula, esse conhecimento para os alunos passou.
Lembro de muitos professores que conhecimento me ministrou.
Se hoje farmacêutico sou,
Me ensinar o professor(a) aceitou.

Palestras em diversas faculdades ministrei,
Também muito conhecimento eu passei.
No mês de março, um desafio me imposto foi e eu abracei,
Escrever para a professora. E eu gostei.

Espero que todos essa poesia possam ler,
E a professora compreender.
Venho aqui te descrever,
Que ela em suas ações, para nós, tem o benquerer.

Em sua bela missão de conhecimento ensinar,
Do português, ciências, matemática e outras matérias praticar.
Pede que uns aos outros possam se amar,
Para que um mundo novo possa começar.

Quando no final do ano chegar,
Tendo aprendido a lição, o aluno de ano passar.
Assim, contente vai ficar, pois a missão conseguiu completar.
Deus abençoe a todos que estão a nos ensinar.

Honestidade não tem idade

Todos devemos abraçar os modos da honestidade,
Para esse feito é melhor começar na menor idade.
De pequeno que entorta o pepino,
Também é assim com a menina e o menino.

Que possamos todos ensinar honestidade e caridade,
E para isso não tem idade.
Sejamos os propulsores de conceito a toda humanidade,
Assim nosso mundo terá prosperidade.

Muitos reclamam do político ladrão,
Mas saiba que esse também tocou esse chão.
Todos nós devemos ser bom cidadão,
Assim cumprir com muito esmero nossa missão.

Cuidado quando vamos ao pequeno ou grande salão,
Para comprar pouca ou grande quantidade de alimentação.
Com a nota fiscal, sempre deve sair com ela na mão,
Assim ajuda a melhorar nossa nação.

Todos nós podemos fazer tudo de forma escondida,
Enganar a muitos ou a poucos de forma sabida.
Mas se tratando depois quando for a subida,
A Deus ninguém consegue enganar nessa e na outra vida.

Jovem e vocação

Um dia pouca idade eu tinha,
Em minha frente decisão precisava,
Então pensei que Deus pediu decisão minha,
Poderei escolher, eu pensava.

Religioso eu serei,
Ou casado também poderei.
Mas se casado, como leigo a Deus servirei.
Então no chão ajoelhei.

Uma profunda oração, eu rezei.
Pai amado, ajuda esse pobre cristão,
Escolher a vocação.

Então senti uma brisa a soprar,
E meu coração os batimentos aumentar.
Um calor em meu corpo senti,
E então, minha vocação decidi.

Livro

Um livro quero escrever,
Para o povo poder ler.
Muito trabalho tenho a fazer,
Para isso acontecer.

Esse livro vai contar,
A história do homem que animais estava a tocar.
Para esse livro um dia publicar,
Muita água por baixo da ponte vai passar.

O povo deve compreender,
Que para a escrita aparecer,
Silêncio deve ter,
E muita concentração a fazer.

Vai ser com muito prazer,
Que além desse, outros também vou escrever.
Livros de história a descrever,
Para muitos ter o que ler.

Para que possa muitas histórias trazer,
Muitas cidades estou a conhecer.
Monumentos a apreciar,
E muitas fotos a tirar.

Live

Hoje de uma live participei,
Muitas amigas lá encontrei.
De um belo papo saboreei,
Assim, com pessoas cultas me alegrei.

Antes da live essa poesia eu preparei,
Por algum tempo eu pensei,
Como será que falarei
Sei que a Deus sua sabedoria eu pedirei.

É muito bom aqui falar,
Também poder presentear.
Com uma poesia alegrar,
E nossa amizade perpetuar.

Com essa poesia continuar,
Minha fala registrar.
Todo carinho demonstrar,
E nossa amizade perdurar.

Aqui vou me despedindo,
Que a hora já chegou,
Para Deus vou pedindo,
Que os corações das pessoas estejam se abrindo.

Luar

Hoje, a lua observando,
Em um momento contemplando.
Isso que sempre fazíamos,
E muito gostávamos.

Uma pergunta me apareceu,
Como você está aí no Céu?
Deus não permite saber,
Como será aí o viver.

Magra ou gorda, será que importa?
Muito feliz, acho que sei.
Ao lado de Deus que a suporta,
Pela saudade de nós, alegrei.

Mais uma vez, a lua avistei,
E de ti me lembrei.
Deus ao Céu para ti enfeitou,
E com isso se alegrou.

É essa lua que no Céu colocou,
Muito linda ficou.
Agradeço essa inspiração,
Que Ele enviou em forma de oração.

Lura

A Lura desafiou,
Para escrever poesia,
E ele aceitou,
E fez com muita alegria.

E você, por que não começou?
Escrever para um dia publicar,
Se você também abraçou,
A Lura vai amar.

Escrever 30 dias para poder acostumar,
Pegou a caneta e sobre o papel debruçou,
Tenho certeza de que você vai habituar,
E a muitos leitores vai alegrar.

Uma bela capa para a ideia demonstrar,
Sua família com certeza vai ajudar,
Com muita dedicação, com palavras vai falar,
Tenha certeza de que esse livro ao mundo vai chegar.

Minha casa

Moro no lugar mais lindo que existe aqui,
Ouvindo o canto do Juriti.
Pássaros de outras espécies,
Que cantam anunciando,
A vinda do meu amor.
E na chegada quanta festa,
Quanto enlevo de amor,
Num recanto entres flores,
No banco do jardim,
Enlevo, enlevo de amores,
Ouvindo o canto do Juriti.

Maria Salem (In Memoriam 1929-1997)

Mais um ano a passar

Já em meu quarto uma foto a olhar,
E me pego a pensar.
Mais um ano seu ciclo a completar,
E uma saudade a chegar.

Muitos vão perguntar,
Novamente a chorar?
Responderei a declamar,
Quem realmente amou saberá.

Um grande amor ninguém esquecerá,
Se o amor foi sincero compreenderá.
De sua esposa sempre lembrará,
E enfrentar tudo seu Anjo ajudará.

Pois Deus a ele determinará,
Cuidar desse meu filho você fará.
Pois um dia nos meus braços ele estará,
E o caminho que preparei ele trilhará.

No casamento ele falou que da esposa cuidará,
E em todos os momentos amará.
No final de 2023, sozinho estará,
Mas, com ela, nos pensamentos viajará.

Ainda assim um ou outro perguntará,
Sua vida não vai refazer?
Minha vida já está feita, você verá! Assim vou responder,
Pois na minha família, Deus sempre estará.

Maçonaria

A maçonaria é como tal?
Uns dizem que é do bem,
Outros tantos que é do mal.
Não seja de sua dúvida um refém.

É como a verdade. Existe a minha e a sua.
Mas a verdadeira é a de Deus.
O que posso lhe falar é verdade crua.
Mas se não acredita, fica com pensamentos seus.

Eu em nenhum lugar,
Vi algo de mal.
Associação que deseja o bem do irmão e amar.
Pergunte a muitos e seja cordial.

Para você que ainda tem dúvida,
Faça o favor de me procurar,
Que posso te falar,
Que para mim a informação está madura.

Sei que muitas coisas,
A internet vai lhe informar.
Mas, se errado estiver,
Não tem como reclamar.

Lá, só se faz o bem,
Eu posso testemunhar,
Como aqui estou fazendo,
Posso até declamar.

Uma regra indissolúvel vou explicar,
Para você entrar, alguém tem que convidar,
A mulher tem que autorizar,
E em Deus tem que acreditar.

Mamãe

Mamãe, minha mãe querida
Se eu pudesse te abraçar
Um minuto para dizer
Quanta falta tu me fazes.

Como faz falta seus carinhos
Sua voz e seu olhar
Tão bondoso me fitando
Com amor sem reprovar.

Muitas vezes revoltada
Eu a fazia sofrer
E você com voz bondosa
Filha, isso vai passar.

Afagava meus cabelos
Me fazia confidenciar
Ensinava-me a enfrentar a vida
E a Deus sempre amar.

E se hoje enfrento o mundo
Com a força de um leão
Ela vem de ti, mãe querida
Que vive em meu coração.

Júlia Schmidt Salem (In Memoriam 1937-2020)

Mês acabou

Mais um mês está a findar,
Como foi nesse mês o seu andar?
De bem com a vida, a caminhar?
Ou precisando ainda esse mês a terminar?

São muitas questões a desenrolar?
Você ainda está a pensar?
Ou você conseguiu de boa desse mês participar?

São tantas as perguntas que podemos fazer,
E você, se quiser, pode responder.
Para todos saber,
Ou só para você compreender.

Muitas são as interrogações,
Mas também as soluções.
Devemos acalmar os corações,
E fazer muitas orações.

Uma boa solução,
Depende de uma boa interpretação,
Silenciar o coração,
E ouvir com calma a recomendação.

Que virá no momento certo.
E poderá ser discreto.
Tenha muita atenção.
E receba o novo mês com preparação.

Meu aniversário

Todo ano comemoramos mais um ano de vida,
Nesse dia é uma felicidade vivida,
É paz, alegria, saúde, felicidade pedida,
Mas que nem sempre é atendida.

Dizem que é porque não sabemos pedir,
Mas quando atendidos não sabemos agradecer.
Então vamos explicar que você tem que ir,
Até Deus para agradecer até antes de receber.

Meu próximo aniversário, ainda não sei como será,
Farei sessenta anos, me ajudem a comemorar,
Mesmo você, de longe, que vir não poderá,
Pensamentos positivos e orações eu vou gostar.

Antecipadamente quero a todos agradecer,
Mesmo que nos sessenta não possa chegar,
Sei que muito pude fazer,
Então a Deus apenas me alegrar.

Fiz tudo nessa vida, você pode compreender,
Me formei, casei, trabalhei, tive filhos, escrevi livros e amei,
Com Deus sempre pude me entender,
E a Ele minha vida eu sempre dei.

Milagre da vida

Como pode duas células se juntar,
E uma vida se formar.
Começa com duas células se dividindo,
E quatro se formando.

Depois as divisões continuam,
E mais células se formam.
Muitas células já tem,
E algumas formas vêm.

Como posso compreender,
Que Deus quis resolver.
Homem me formar,
E a todos animar.

E um monte de barro avivar,
E a todos a sua imagem proporcionar.
É muito bom saber,
Que Deus quis nos dizer.

Você "homem" tem muito o que aprender.
Não queira ser melhor que ninguém,
Pois logo estará no além,
Seja humilde para que quando Deus chamar, possa dizer amém.

Natal

O Natal chegou,
O que você para o Natal separou?
Qual foi o presente para Jesus você preparou?
Sim, porque o Natal foi quando Jesus chegou.

Papai Noel? Para nós cristãos não é principal.
Se prepare para receber Jesus no coração,
Sejamos um bom cristão,
Faça muita oração como preparação inicial.

Vamos tentar não discutir,
Devemos sempre nos unir,
Cada um sabe como sua vida seguir,
Ao Anjo da Guarda, orientação deve pedir.

Devemos sempre distinguir,
O caminho que deveremos ir,
Cuidar da família e o sonho perseguir,
Uma prioridade deverá existir.

Nesse mundo devemos analisar,
Do que nossa família vai precisar,
Sei que a vida não vai facilitar,
Muitas situações que devemos passar.

Mas devemos compreender,
Que muita oração devemos fazer,
Pedir, mas também saber agradecer,
Pois Deus com certeza vai te surpreender.

Netos

Ter netos é maravilhoso,
Pois estar junto a eles é muito gostoso.
Brincar, brincar e atenção na mesa e no chão,
É o que eles querem, seu avô na diversão.

Todos os tipos de brincadeiras,
Esconder embaixo da mesa e das cadeiras.
Montar os jogos de montão,
Também assistir televisão.

Jogar bola na quadra ou no campão,
Seja basquete, vôlei, futebol com o pé e a mão.
Ainda passear no parque de diversão,
Após o almoço do domingão.

E que venham os netos de montão,
Porque o avô está preparado para a ação.
Cada vez terei que ter mais preparação,
Para quando chamar não ter negação.

Se ainda não tem netos, vou falar com razão,
É só brincadeira de montão.
Venha você também para esse time campeão,
Dos avós que gostam de ação.

Quero muito cuidar e brincar com meus netos um tempão,
Para eles se lembrarem com muito amor e compreensão.
Também nós devemos mudar para cumprir nossa missão,
O tempo de pai e educar ficou agora para o filhão.

Neto a brincar

Estava com o meu neto a brincar,
Uma sensação de muita alegria.
Ele não queria parar,
O tempo a passar, e ele muito sorria.

Muitas brincadeiras com ele a passar,
Começando com o balanço e ele mais pedia.
Outro brinquedo no parque para escorregar,
O tempo passou e foi muito divertido o dia.

Agora o parquinho não mais alegrou,
Outro brinquedo, pela idade não podia.
Então, a quadra de esporte ele chegou,
Tantas bolas na quadra ele olhava e não decidia.

Ia na bola de basquete, mas pelo peso dela desistia,
Uma bola de vôlei ele encontrou.
Olhou para os lados e outra bola pequena e leve não via,
Essa então muito leve e ele logo gostou.

Com a bola um tempão ele brincou,
Mas o tempo passou e ele cansado ficou.
O avô com o neto se alegrou,
Uma tarde com ele ficou.

Nossos queridos

Em todo o ano, deles lembramos,
Mas, no final do ano, sentimentos afloramos.
Como é bom ter pessoas queridas,
E lembrar de passagens vividas.

Pessoas da minha vida,
Minha mãe, muito querida.
Muito me ensinou de tudo nessa vida florida,
Desde a tenra idade, até o momento da ida.

Meu pai que eu estava sempre perto,
Muito aprendi, decerto.
Era um mecânico esperto,
Em sua vida muito correto.

Minha esposa, que muito amava,
Que ao meu lado sempre estava.
Já no Céu chegara,
Pois nosso Deus a chamara.

Hoje a distância nos separa,
Mas nosso amor nos aconchega.
Penso em todos com muito amor,
E peço que passe essa dor.

Quando Deus me chamar,
Preparado devo estar.
Sei que fácil não é,
Por isso sempre orando de pé.

O povo pediu

O povo pediu e ele escreveu,
Foi um belo texto que apareceu.
Assim eles gostaram,
E mais textos apreciaram.

Já foi poesia para ler com uma bela companhia,
Também um texto contando a história.
Foi de tudo de nosso cotidiano,
E será assim em todo o ano.

Será que um dia isso vai cessar?
Deus esse talento vai retirar?
Espero que talento doado,
Não seja retirado.

E assim, muitos poderão ler,
Esses escritos e uma opinião ter.
Então poderão me dizer,
Qual das atitudes vão compreender.

O sono não vem

São dezenove horas e o sol já se escondeu,
Agora no céu a noite se apresentou.
E hora passou,
Já as onze chegou.

Depois de um banho ele jantou,
A televisão ele desligou.
O Pai-Nosso ele rezou,
E na cama deitou.

Um pouco sobre o dia ele meditou,
Com os olhos fechados ficou.
Assim tudo ao seu redor, ignorou,
Mesmo assim o sono não chegou.

Mais uma vez os olhou abriu e pensou,
O que foi que aconteceu?
Por que esse sono não se apresentou?
E assim se indignou.

Mais uma vez, o olho fechou,
E com fé clamou!
Deus perdão, pois minha fé não aumentou,
Assim ele se acalmou, Deus abençoou e seu sono aprofundou.

Orar

Estava o livro Poesias da vida cotidiana a ler,
Tentava nessas poesias compreender,
O que Deus quer com elas me dizer,
Então, como um raio, vim a saber.

Ele os quer falar,
Para todos que devem dialogar,
Primeiro com Ele orar,
Também com a família caminhar.

Nesse momento não falo do músculo exercitar,
Mas, em família, todos os momentos estar,
Seja na saudade ou quando a vida dificultar,
Ou na alegria de um filho ou neto sorriso dar.

Penso que todos podem ajudar,
Essas poesias divulgar,
Para que muitos nós possamos evangelizar,
E assim, nossos talentos não enterrar.

Oração

Hoje, muitas pessoas pedindo oração.
Vamos então sintonizar na unção.
O que devemos é juntar as mãos,
Joelho no chão.

Sabemos que Deus é um Paizão,
E devemos ajudar nosso irmão.
Se você uma graça quer receber,
Faça seu pedido e tem que crer.

Às leis de Deus temos que obedecer,
Não adianta querer suas faltas esconder.
Seja sincero nos pedidos a fazer,
No tempo certo vai acontecer.

A você, meu irmão, vou dizer,
Deus é pai e vai te atender.
Tenha fé, mas sua parte deve fazer,
Não adianta só no irmão se socorrer.

Outono

O outono está na mão,
Seja um bom cidadão.
Veja na sua casa e não deixe lixo no chão,
Cuide de seu quintal, retire o bichinho e o bichão.

Mesmo que o verão tenha deixado esse mundão,
Com certeza, a dengue ainda é um bicho-papão.
Vamos cuidar para a doença entrar em extinção,
E todo mundo ter saúde de montão.

O tempo já esfriou, mas poderá esquentar,
Então vamos nos cuidar.
Nesses dias a chuva deixou de se apresentar,
E a seca começou a judiar.

Ainda vejo pessoas nas ruas que estão a sujar,
Porque falta a elas se conscientizar.
Que o planeta Terra não é um lixão devemos enfatizar,
Para cuidar desse lar provisório devemos nos voluntariar.

Sei que não é fácil essa ideia abraçar,
Mas devemos tentar.
Mais uma vez vou te contar,
Que se nada fizer, no lixo você vai morar.

Uma árvore devemos plantar,
Nosso quintal limpar.
Nosso vizinho conscientizar,
De nosso tempo devemos disponibilizar.

Assim nosso dia vamos ganhar,
Um dia nossos descendentes vão gostar.
O nosso planeta lindo vai ficar,
E nosso Deus vai nos abraçar.

O tempo passa

Tudo passa, tudo corre,
Neste mundo de ilusão.
A alma amiga não morre,
Só nos morre o coração.

Muito tempo já passado,
O corpo a tempo morreu.
Mas tempo lembrado,
Aquele que vem viveu.

O que soube bem tratar,
O alheio nunca desprezou.
E com firmeza renunciar,
As injúrias que praticou.

Merece ter uns lugares,
Guardados nos corações.
Por ser sua vida exemplares,
De amores e muitas gratidões.

Lembrei, pois, amigos então,
Que sempre tendes a ganhar.
Por ter um bom coração,
E o próximo a amar.

Maria Salem (In Memoriam 1929-1997)

Partir

Existem muitas formas de partir.
Um até logo e apenas ir.
Mas também nos despedir e sair.
Uma viagem para se encontrar e unir.

Mas também a viagem que faz desunir.
Um partir profundo que se vai sem despedir.
Um viver distante que apesar de presente,
Não se sente.

Está na sua mente,
Mas para todos ele mente.
Uma distância que não se conta,
Que apenas nos assusta.

É aquele partir que ao Céu chega,
E que o coração não gosta.
Uma distância que o amor suporta,
Mas precisa do apoio daqueles de volta.

Uma vez mais que ora,
Ao bom Deus nesse momento, agora.
Que o coração se acalme sem demora,
Pedindo sua intercessão nessa hora.

Assim sua presença sentirei,
E minha missão a ti sempre ligado estarei.
Um dia chamado também serei,
Daí, um muito obrigado eu direi.

Pandemia

Silenciosa ela chegou,
Bem devagar ela se instalou.
E com muita força ela matou,
Muitos nesta Terra que Deus abençoou.

Por que será que por essa doença o mundo passou,
Será que eu ou você que errou?
Agora essa pregunta não importou.
Sei que com relação à vacina alguém errou.

Quando a vacina não importou,
Minha amada sem ela ficou.
Quando a vacina chegou,
a cota era pequena e não sobrou.

A doença desse vírus a muitos atacou,
E a família sem seu ente querido ficou.
Hoje rezar e pensar nela, ele abraçou,
Mas somente isso ele não gostou.

Sabem que o amor por ela continuou,
E a plena certeza de que ao Céu ela chegou.
Em uma vida longa juntos, ele sempre pensou,
Mas Deus tinha outros planos e isso abreviou.

No Brasil, em 700 mil famílias um ente morreu,
Seja ele cristão, espírita, outra religião ou ateu.
Muita gente também sobreviveu,
E com essa pessoa você conviveu.

Rezemos para aquele que aqui viveu,
Com você e comigo conviveu.
Uma vida longa prescreveu,
Mas que chamar ao Céu Deus resolveu.

Pássaro a cantar

O pássaro está a cantar,
Eu tentei imitar com meu assobiar,
Mas ele não está a gostar,
Pois tratou de se afastar.

A chuva está ainda a cair,
E o pássaro continua a ir,
Está começando o dia a cair,
E a noite a sair.

Quem sabe o pássaro está a cantar,
Para sua amada chamar.
Assim eles podem se amar,
E sua espécie perpetuar.

Mas que lindo é esse pássaro a cantar,
Com seu canto a chuva desafiar.
É um espetáculo a nos apresentar,
Para nossa tristeza afastar.

Não posso concordar,
Com o pássaro enjaular.
Ele é feliz a voar,
Deve sempre solto ficar.

Que lindo é o pássaro a voar,
Que em casa tem sempre onde pousar.
Nas árvores para seu ninho montar,
E de seus filhotinhos cuidar.

Enquanto escrevia a noite aparecia,
E os pássaros seu canto não mais ouvia.
Agora vem a hora do descanso e não assobia,
Poque agora o filhote já dormia.

Poesia do Alexandre

Querer é poder
Poder é fazer
Fazer é sentir
Sentir é amar
Amar é dizer
Dizer é conter
Conter é não dizer o que sente
Se sentir é amar
Amar é viver
E viver é deixar acontecer
Acontecer é trazer
Trazer consigo o que de bom aconteceu
Falar é calar
Calar para o mal?
Calar para a injustiça?
Calar para o abuso?
Por que calar se pode falar
Por que falar se pode fazer
Por que apenas fazer
Se pode aprimorar
Por que o simples porquê
Se pode ser algo mais expressivo

Cuidar é respeitar
Respeitar é amar
Amar é sentir
Sentir é fazer
Fazer é poder
E poder é querer.

Alexandre Rafael Salem

Piscina

Hoje a piscina eu limpei,
No final da tarde eu fiquei.
De estar boiando eu gostei,
E assim, para o Céu eu olhei.

Nesse momento com Deus eu conversei,
De tudo com Ele eu falei,
E Ele me ouviu, disso eu sei,
Depois de tudo me calei.

Mais um pouco me silenciei,
E mais uma vez o Céu contemplei.
Aquele sol com que me queimei,
Foi escondido pelas nuvens, vivenciei.

E então um banho eu tomei,
E com uma roupa meu corpo esquentei.
Um modesto café eu tomei,
E desse domingo movimentado descansei.

Um pouco mais tarde dormirei,
E nessa segunda-feira acordarei,
Um trabalho eu abraçarei,
Mas, antes de tudo, uma oração a Deus farei.

Poesia

Uma poesia vou escrever,
Tento agora ela descrever.
Os pensamentos voam sem querer,
Mas puxo de volta com prazer.

Uma primeira palavra pode crer,
Junta mais uma e duas para a frase ler.
Ainda tenho que um verso compor, é o dever,
Para que fique muito lindo, de morrer.

Nada de morte quero dizer,
Mas de alegria, felicidade a crescer.
E os versos venho a percorrer,
Para um segundo e terceiro acontecer.

E continua os versos prescrever,
Essa receita é boa para o dia ou anoitecer.
Venha comigo para ver,
Uma linda poesia está a aparecer.

Agora estou a te surpreender,
Você vai compreender.
Estou aqui para contigo estabelecer,
Esse momento da poesia como prazer.

Pregador

Hoje à noite na igreja ouvi um pregador,
Não tinha papas na língua, mas pregava com louvor.
Falava da Palavra de Deus e ajudava as pessoas em sua dor,
Muitos ouviam e sentiam um imenso calor.

As pessoas tocadas pelo Espírito Santo no coração,
Precisavam ouvir aquela oração.
Algumas pediam ao pregador a consagração,
Tinha muito respeito e devoção.

Sabiam que para sua vida precisavam de uma solução,
Mas o pregador falava a elas sobre a superação.
Para tudo tem que cuidar do espírito em evolução,
O caminho sem Deus com certeza será a perdição.

Todos nós temos que saber o caminho da Salvação,
Que Jesus já ensinou e não podemos ter reclamação.
Vamos agora esse caminho seguir dando as mãos,
Fé, caridade, esperança, para o Céu adentrar, irmão.

Quadro

Um quadro eu observei,
Um risco estranho eu notei.
Parecia quase um corte, não sei,
O segurança eu chamei.

E agora para ele eu falei,
Veja aqui o que eu encontrei!
Parece que alguém queria estragar, alertei,
Ele olhou, olhou e falou, atentei:

Esse que risco achou,
Foi o artista que pintou.
Foi assim que me tranquilizou,
E meu pensamento descansou.

Agora tenho que estudar,
Para melhor a arte saborear.
Quando conhecemos a arte de pintar,
Cedo ou tarde podemos ajudar.

Seja sempre um estudioso,
Não seja nunca um preguiçoso.
Não precisa ficar ocioso,
Quando o trabalho bem-feito, pode ficar orgulhoso.

Quintal cuidar

Hoje resolvi de meu quintal cuidar,
Uma caçamba pedi para na rua colocar,
Vou a grama do quintal cortar,
E os galhos do coqueiro que caíram vou limpar.

Muitos vão me perguntar.
Por que esse esforço você está a implementar?
Eu respondo que o corpo eu preciso movimentar,
Assim um exercício para minha força melhorar.

Também digo que sempre estive a gostar,
De fazer as coisas e a casa organizar.
Aprendi com meu querido pai Roberto,
Agora no Céu, pois sempre foi correto.

Aprendi a fazer muitas coisas,
Mexer com eletricidade, cimento e pinturas.
Digo a todos que não me aperto,
Faço muitas coisas e na maioria eu acerto.

No dia de hoje estou a aproveitar,
Que o Sol está de estralar.
A grama estou a cortar,
E o quintal, bonito vai ficar.

Redes sociais

Estava nas redes sociais procurando o que fazer,
De cara um monte de gente também procurando eu notei.
Agora um pouco de informação vou te dizer,
Procurei, procurei e procurei, depois procurar voltei.

É difícil a gente nas redes sempre estar,
Muitas atividades estou a fazer.
Talvez o que vou falar você não vai gostar,
Todos deveriam um livro pegar para ler.

Sei que é muito difícil vocês se convencerem,
De que um livro muitas conexões cerebrais vai fazer.
Talvez se continuar a falar, para vocês crerem,
E sobre isso um dia vão me escrever.

Meus livros vocês poderão obter,
Com pouco dinheiro conseguirão comprar.
São muito acessíveis, vão ver,
E com as leituras vão se agradar.

Agora terei que parar,
De escrever essa poesia que estão a contemplar.
Mais uma intuição que estou a falar,
Você pode acreditar.

Rotina relatar

Por minha casa resolvi andar,
E agora vou lhe contar.
Por uma porta acabei de passar,
Para sair da cozinha e na sala chegar.

Antes ainda, estou por um corredor a transitar,
Vou descrever direitinho para você verificar.
Sei que muitas vezes é difícil de pensar,
Mas com certeza você pode imaginar.

Na sala tem um computador sobre a escrivaninha a descansar,
Mas agora vou fazer esse trabalhar.
Essa poesia criativa vai ficar,
E meus dedos estão agora a digitar.

Saí da sala e voltei a caminhar,
Estou indo para o banheiro e um banho tomar.
Peguei um sabonete e o corpo a ensaboar,
Depois de com água repassar, estou com a toalha a secar.

Para o quarto estou indo descansar,
Minha rotina você está agora a observar.
Uma bela cama para o corpo deitar,
E um sono profundo para minha força restaurar.

Segunda-feira

A segunda-feira chegou,
E já passou.
Eu em casa estou,
Porque Deus abençoou.

Quando o carro estacionei,
Uma flor eu avistei.
Da árvore eu não tirei,
E para outras pessoas apresentei.

Sua beleza eu observei,
E para outros contemplar, conservei.
Uma bela foto eu tirei,
E para todos os meus amigos, darei.

Vamos todos essa prática fazer,
Não precisa nem dizer.
Você deve saber,
Que a beleza da flor, devemos a Deus agradecer.

Saber fala e ouvir

Nesse domingo, em casa fiquei,
Apenas saí e na igreja rezei,
Uma carne assada eu comprei,
E logo em seguida almocei.

Durante o dia, da casa cuidei,
Também com meus netos eu brinquei,
E estes momentos mágicos eu gostei,
Outros momentos como esses eu pedirei.

Nesse momento da noite, na vida eu pensei,
E uma mensagem respondi,
Mas antes em oração permaneci,
E no silêncio mais uma vez a voz de Deus ouvi.

Ele sempre me fala através das poesias,
Que muitos querem saber como escrevo.
Digo que da minha cabeça sai,
Pois sempre nosso cérebro nos trai.

Ele nos diz que devemos escrever,
Para que todos possam ler,
Você também pode compreender,
O que Ele quer dizer.

Por isso, meu caro leitor,
Faça tudo com muito amor,
Essas palavras devem ser espalhadas,
Através de suas redes, serem compartilhadas.

Deus nos fala para a caridade praticar,
Que a mão esquerda não saiba o que a direita venha dar,
Não precisamos tudo que fizermos alardear,
Você pode fazer e se calar.

Essas poesias são para ajudar,
Tem o propósito de evangelizar,
Você pode colaborar,
Sempre que possível compartilhar.

A hora de dormir está chegando,
E para vocês vou deixando,
Um pedido a todos que vai soando,
Para que Deus essa noite nos vá abençoando.

Seja bom ouvinte

Que nossa oração seja constante.
Que ela seja abundante.
Não precisa ser elegante.
Pode ser simples, mas aconchegante.

Pode estar perto da igreja ou distante.
Seja inteligente e atuante.
Também seja bom ouvinte.
Pode ser bom pedinte.

Na oração agradeça o que recebeu e ajude muita gente.
Só não queira que o pedido seja atendido urgente,
Pois Deus sabe o momento e está em sua mente.
Que Deus abençoe a todos, agradeça e não seja negligente.

Semente

A semente você plantou,
Um adubo colocou.
Com água você regou,
Com amor cuidou.

Um, dois, três dias passaram,
E na terra, as sementes despertaram.
As pequenas plantas nasceram,
E diversos ramos cresceram.

Um pequeno botão apareceu,
Esse botão cresceu.
Logo com uma flor, o jardim alegrou,
E com delicioso perfume inundou.

São essas belezas que nosso mundo tem,
Seja aqui ou muito lá no além.
Você também pode ajudar,
Esse mundo melhorar.

Simples assim

Uma simples poesia
Sem nenhuma palavra de agonia.
Venho agora relatar
Como faço minha alegria.

Sempre vou acordar
Bem cedo tenho que levantar
Para o dia trabalhar
E meu pão de cada dia ganhar.

Da cama devo pular
No banheiro me lavar
Que o dia já vai raiar
E tenho que batalhar.

Uma roupa para colocar
Uma blusa caso esfriar
Temos que nos cuidar
Para não resfriar.

Na cozinha o café tomar
Não esquecer de depois os dentes escovar
Para ele não estragar
E o trabalho me espera nesse caminhar.

Simplesmente poesia

Me pediram para uma poesia escrever.
Era uma poesia para ela descrever.
Disse que as poesias que escrevo são por inspiração,
E as palavras surgem de dentro do coração.

Mas pouco depois, Deus pediu para falar,
Que você que deseja organizar,
Uma frase ou poesia para publicar,
Deverá um pouco esperar.

Antes faça uma oração,
E peça para ELE a opinião.
Seja um bom cidadão,
Mas principalmente um bom cristão.

Assim, você saberá ouvir,
Também conseguirá sentir.
E as palavras dentro de você vão fluir,
Isso se você persistir.

Então assim, Deus falou para eu escrever,
Para que você possa saber.
Assim muitos conseguirão resolver,
Se com fé pedir, ELE poderá atender.

Sol

Um sol para todos apareceu,
Quando uma grande nuvem ao céu passou, ele desapareceu.
O homem então perguntou, o que sucedeu?
E sua cabeça logo doeu.

Perguntou: quem foi que a luz apagou,
E daquela escuridão não gostou.
Mas logo a nuvem passou,
E novamente o homem se alegrou.

O que dizer daquela grande bola de fogo,
Não nos permite ficar de olho.
Sua luz nos deixa cego,
Mas seu calor nos dá aconchego.

Ainda sei que tem muito mais a falar,
Em nenhum momento vou me calar.
Se você quiser me escutar,
Dessa poesia mais linhas vou alimentar.

O sol é nosso astro-rei,
Assim aprendi e sei.
Seu poder nos dá a vida,
Como uma linda água limpa e fluida.

Sorvete

Estamos em dias de muito calor.
O que podemos comer com muito sabor?
Que tal as frutas com muito amor?
Uma pera? Um gosto suave sem ardor.

Também tem a maçã, mas continua o calor.
Nessa época tem a manga.
E o que falar da laranja? Acalmar o ardor,
Melancia, banana, mamão. Fruta amiga.

Delícias que podemos comer,
Também tomar em suco, sem padecer.
Temos em sorvete, vamos agradecer.
E nesse calor, devemos compreender.

Muita água pela garganta deve descer.
Pode também água de coco, venha ver,
Que beleza no Brasil isso acontecer.
Mas em todo mundo isso você pode descrever.

E vou agora te dizer,
Que nem sempre deve acontecer,
Mas agora em meu estômago vai descer,
Um belo sorvete para apetecer.

Irmão, tenha cuidado e faça uma programação,
Muitas doenças podem aparecer,
Principalmente pelo açúcar desenvolver,
Esteja sempre com atenção.

Tropeiro da saudade

Por essa estrada estou a passar,
Que outrora por terra era o caminhar.
Florestas a atravessar,
Que hoje quase não existe exemplar.

Cruzava rio e córrego em perfeição,
Que hoje só vejo poluição.
A saudade a apresentar,
Da poeira a levantar.

O sol a esquentar,
A chuva a refrescar.
Uma tropa devagar a se deslocar,
Uma comitiva ansiosa a chegar.

Muita saudade e o coração a saltar,
Do som do berrante a tocar.
Daqueles animais à nossa frente a passar,
E de medo correrem a esquivar.

Que saudade daquela comida, e o cozinheiro a improvisar,
Mas que nossa fome realmente vinha a matar.
Muitas coisas daquela época vieram a mudar,
Inclusive a nos transformar.

Um dia, eu sei, que muitas pessoas vão ler,
Minhas histórias e vão se surpreender.
Como pode por tantas coisas passar,
E continuar a viajar?

Eu respondo que era o que eu gostava,
Mas também minha família necessitava.
Agora vou me despedir,
Pois uma tropa tem que ir.

Trabalhar é necessário

Trabalhar é necessário,
Para ganhar o seu salário.
Se rico não nasceu,
Sem trabalho não viveu.

Cedo ou tarde todos verão,
Que devemos trabalhar com união.
Sabendo do perigo de todo trabalho no ar ou no chão,
Devemos sempre usar a proteção.

O trabalho honesto dignifica o homem,
E traz dinheiro para comprar tudo que consomem.
Seja o pobre assalariado,
Ou o rico abastado.

Todos têm que trabalhar para se sustentar,
Além de sua família cuidar.
Todos têm um limite para aguentar,
Não podemos na idade avançada pesado trabalho abraçar.

De nossa saúde também temos que cuidar,
Esses limites temos que observar.
Mas uma coisa tem que estar sempre a exercitar,
É seu cérebro que precisa de alimentar.

Aqui está um bom cuidado para você fazer,
Essas poesias você pode ler.
Muitos outros livros para seu cérebro manter,
E seus pensamentos nunca esmorecer.

Uma viagem com a esposa

Com dez anos de casados,
Muitos planos programados.
Uma viagem desses amados,
Que ficaram entusiasmados.

Logo em Maceió chegaram,
Em um momento descansaram.
Mas muitos passeios programaram,
Lugares lindos eles amaram.

Havia um guia muito escolado,
Que era muito engraçado.
Para explicar as coisas era muito afiado,
Tinha o motorista do ônibus como aliado.

A viagem muito rápido passou,
E a hora de voltar para casa chegou.
Muita foto o povo tirou,
E desse passeio a saudade ficou.

Em casa nós chegamos,
E nossa vida continuamos.
Pensando que um dia voltaremos,
E outros passeios faremos.

Um café a sorver

Um brasileiro aqui representado,
Gosta de tomar um café, mas não requentado.
Muitos gostam dele bem coado,
Outros tantos de máquina preparado.

Meu gosto não é tão requintado,
Gosto de café de máquina ou coado.
Sei que tem hora que não deve ser tomado,
Pois o sono pode ficar atrapalhado.

E você? Conta agora como é seu paladar,
Qual tipo de café está a gostar.
Muitos nunca souberam contar,
Mas vocês também podem experimentar.

Café bem torrado para a palha esconder,
O de meia torra é bem melhor você escolher.
Café ruim, só colocando açúcar para beber,
Café bom é mais caro, mas compensa o prazer.

Venha você também tomar,
Um bom café e com os amigos prosear.
Pode ter certeza de que o tempo vai passar.
E todos vocês vão querer voltar.

Uma homenagem à minha mãe

Mãe Querida

Mãe querida da minha vida,
Mulher forte e aguerrida.
Hoje estou aqui para te homenagear,
Que principalmente me permitiu chegar.

Você me amou e nunca deixou de me alimentar,
Me viu crescer e muito fez a me ensinar.
Quando não era mais criança e cresci,
Logo para outra cidade mudei e me despedi.

A distância me trouxe saudades,
Mas o pensamento encurtava a distância das cidades.
Sei que agora, mãe amada,
Você partiu para outra pátria estimada.

Mas, em orações,
Deus aproxima nossos corações.
Um dia a nós será permitido,
Entender os desígnios de Deus, tudo fazendo sentido.

Então, vamos aguardar, o momento que vai chegar,
No tempo de Deus, a nos alegrar.
O que ELE nos ensinou, leia, estude, pratique,
Siga adiante e de nada abdique.

Uma homenagem ao meu irmão

Alexandre, meu irmão,
Venho agora e pego a sua mão.
Você que é sempre de bom coração,
Independente da situação.

Nesse momento uma homenagem a apresentar,
Para que você possa contemplar.
Sua poesia neste livro coloquei,
E ao mundo também mostrei.

Seu nome será divulgado,
Você foi agora avisado.
Continue assim escrevendo,
E sua arte ao mundo trazendo.

Seja sempre um homem abençoado,
Você mais uma vez foi citado.
Vamos ao mundo espalhar,
Amor, caridade e esperança, que muitos vão gostar.

Uma homenagem à família

De nossa família devemos sempre cuidar,
São muitas as maneiras que podemos falar.
Com muita calma para nunca brigar,
Vou hoje te alertar.

Muitos dizem que tem razão,
Mas ter razão não é tudo, meu irmão.
Ter razão pode ser um problemão,
O melhor mesmo é ter a solução.

Se todos não tiverem sempre a união,
Essa família pode entrar em destruição.
Assim a família para ter a reconstrução,
Deverá ter sempre sadia discussão.

Muito diálogo para ter compreensão,
E você, o que está esperando para convencer esse povão?
Junte a família e seja aquele amigão,
Que muitas vezes é maior que o irmão.

Uma homenagem aos quatro irmãos

Uma família que no Céu formou,
Deus por eles sempre olhou.
Foram tantos os percalços que a família passou,
Mas em nenhum momento desanimou.

Segue firme o caminho que Deus proporcionou,
Ninguém desistiu da vida e se entregou.
Nesse momento o pai e a mãe ao Céu entraram,
E os filhos na Terra ficaram.

Um dia no Céu todos se encontrarão,
E uma festa grande pelo retorno farão.
Enquanto isso não acontece, a vida continua,
Mas com a idade problema da doença acentua.

Mesmo com o problema de doença,
É bom ter uma crença,
Que o corpo físico é só uma passagem,
Mas o corpo espiritual é que levamos na viagem.

Meus irmãos que amo de montão,
Desde o pequeno até o grandão,
São e serão meus amores do coração,
Sempre estão e estarão em minha oração.

Uma homenagem à tia Maria

Hoje escrevo essa poesia,
Em homenagem à tia Maria.
De meu pai Roberto era a irmã querida,
De batismo era a minha madrinha.

Estou analisando papéis por ela escrito,
Tem poemas e poesias,
Sua vida em prosa e verso descrito,
Muita escrita com fantasia.

É assim que temos na escrita,
Versos com fantasia e emoção.
Com traçado de vida descrita,
Com certeza com muita satisfação.

São escritos antigos de 1940 ou mais,
Que o tempo não corroeu.
Analisando de uma forma muito sagaz,
Escritos de uma mulher que muito viveu.

Vou com certeza algumas poesias publicar,
Mas sempre sua autoria respeitar,
Um dia ela tentou publicar e não conseguiu,
Assim esse desprezo dos outros sentiu.

Aqui consigo corrigir,
Esse desrespeito que muito a atingiu,
Faço agora essa reparação nesse agir,
E assim digo a ela. Tia Maria, você também conseguiu.

Vida cotidiana

A grande maioria tem uma vida cotidiana a vivenciar,
De manhã acorda e se prepara para trabalhar.
Se alimenta com o café para a fome amenizar,
Uns saem de casa sem a esposa beijar.

Mas há aqueles que café da manhã, nem pensar,
Tem que correr para o ônibus pegar.
Se der, uma banana pelo caminho vai devorar,
E na marmita o almoço para depois alimentar.

Cada um de nós temos um cotidiano a falar,
E você, agora vai calar?
Não seja tímido, pode nos contar,
Que o cotidiano cada um tem para passar.

Tem o rico que nem vou mostrar,
Mas acho que um belo café a empregada vai preparar.
O mordomo é que está os pratos a apresentar,
A mesa a família está a sentar.

O remediado também tem o cotidiano sem desprezar,
É sempre uma tentativa de comer o que aguentar.
É brincadeira que estou a lhe contar,
Porque eu estou nessa categoria a enquadrar.

Mas temos aquele que paupérrimo pode estar,
Sua cama um papelão a deitar.
Comida? Quando alguém a bondade para superar,
Mas se ninguém aparece, padecer é seu caminhar.

Vacina

Vou falar sobre a vacina aqui poetizar,
Você vai ouvir também eu polemizar,
Sei que muitos aqui vão me criticar,
Mas mesmo em poesias não posso me calar.

Quando criança meus pais vieram me salvar,
Mesmo dolorido eles quiseram me vacinar.
E a pólio não conseguiu me alcançar,
Não é que quiseram me agradar,

Foi para proteger que resolveram vacinar,
De todos as vacinas eles quiseram aproveitar,
E minha carteirinha de vacina foram buscar,
E meu corpo protegido estava a ficar.

Veio a pandemia e muitos a gritar,
Muitos a favor de vacinar,
Mas alguns queriam tumultuar,
Eu falei bem alto, mas não quiseram escutar.

Gritei, esperneei e minha vacina tomei e fiquei a alegrar,
Minha querida esposa não pôde tomar,
Minha luta apesar de grande não pôde a salvar,
Agora ela com Deus foi morar.

Viagens e o campo observar

Nesses anos pelo Paraná a viajar,
Muitas paisagens a avistar.
São plantações pelas terras a se espalhar.
Cana-de-açúcar para adoçar.

Pesados bois nos campos a pastar,
Plantações de mandioca para alimentar.
Arroz tem pouco, mas dá para admirar.
Trigo para o pão amassar.

Já vi carneiros a berrar,
Feijão-de-corda na cerca a pendurar.
São as frutas a nos deliciar.
As verduras a nos saciar.

Tem porco, galinha e outros para negociar.
E o agricultor a pelejar.
Nosso Paraná é farto para alimentar,
E o homem do campo alegre a trabalhar.

Todo esse empenho devemos valorizar,
Esse trabalho a elogiar.
Que tenhamos pessoas para esse trabalho perpetuar,
E assim muita comida para nos alimentar.

Viagem distante a fazer

Muitas vezes estamos a viajar,
Vou agora te contar,
Viagem distante, demora a chegar,
Outras tantas chega rápido, num piscar.

Venha aqui bem pertinho, vou falar,
Você precisa me escutar.
Se longe quer passear,
Você tem muito que programar.

Já pensou em pedir a Deus num clamar?
Para isso tem que rezar,
E o coração silenciar,
Assim, das ideias Ele vai falar e você aproveitar.

Não queira a oração transformar,
Em um balcão de feira para negociar.
Ele sabe o que está a precisar,
A você vai apresentar.

Seja um bom Cristão,
Também bom cidadão.
A Ele levante as mãos,
E agradeça de coração.